JN409120

열고보니 허공

열고보니 허공

김두기 시집

해암

| 시집을 펴내면서 |

글이라는 문장의 문맥으로 나와 세상을 말하고 연결되는 하나의 통로에서 저는 여러분의 도움으로 이렇게 부끄럽지만 조금씩 적어 온 글을 올립니다. 때론 시라는 것이 어렵고 지금도 쉽게 적히지 않는 그런 문학이지만 영혼에서 흘러나오는 나의 말과 표현을 버리지 못하기에 누가 시키는 것도 아닌데 또 시라는 것에 짝사랑을 고백하고 있습니다. 저의 부족한 짝사랑을 이쁘게 봐 주시고 더 노력하는 시인이 되도록 하겠습니다. 그리고 문화재단 창작 지원금으로 이번 시집을 펴내게 된 것을 감사하게 생각합니다.

2020년 봄

시인 김 두 기

| 차례 |

1_ 간절함이 깊다

2_ 느낌의 하늘 보기

3_ 깊은 울돌목이 운다

4_ 가을날의 희곡

5_ 거울 속 세상 풍경 이야기

1

간절함이 깊다

맛있는 기도

절벽으로 이루어진 마을에선
무릎 꿇은 기도문들을 일으켜 세워 상차림 하고
둥글게 모여 있다
신은
맛있는 기도문을 시식하려고 공간의 틈을 벌려 놓는다
대식가다. 아무리 많은 기도문이라고 해도
늘 허기진 심장의 위태로움을 이겨내는 일이겠기에
일일이 하나하나 살펴준 적은 없었다
절벽에서 추락도 해보고 기도문 재료를 찾아도 보고
작은 숫자의 기도를 해보아도
신은 여전히 부동자세로 그 자리에 서 있었다
평생을 새벽마다
교회 종소리보다 더 깊은 기도로 아버지는 하루를
여셨다
절벽 위에서 사는 일
응답과 무응답 사이
스스로가 듣고 행하는 신에 대한 행동이라고
당신은 헤진 무릎 옷을 툭툭 털어내면서 웃었다

신이 저기에서 기도문을 맛있게 먹고 있다고 여겨질 때
장미꽃 같은 열정 꽃이 허공을 수놓았다
간절한 기도가
무너져 가는 마을을 붙잡고 서 있었다
가진 것이라곤 아득히 멀기만 한 신과의 거리
더 이상 기도문을 탐내는 늑대들에게 먹히는 일 없게
하겠다
꼭 맞잡은 손을 따스해진 기도가 만져준다
마지막으로 할 수 있는 간절한
신의 모습이 이제야 보인다.

돌부처 절 받는 법

산길 한쪽에서
오늘도 궁리한다
저 사람은 몇 도의 각도로
저 사람은 그냥 보낼까

이렇게 반문하고
쓰억 아래로 내려다 바라보니
합장하는 사람들
내일은 눈 까집어 뜨고 있어도 될 것 같아

날씨가 쌀쌀한데
걸친 옷이라곤 바위 패션 얇은 옷 한 벌
그래도 사람들 합장이 양식인데
세월이 겨울이라 조용하여 노래라도 불러야 하나

튀어나온 뱃살 더 내밀고
내가 달려가서 절 좀 해라고 절하고 올까
오랫동안 굳었던 다리가 감각이 없어
내일 갈까 하는 게으름에

이렇게 반쯤 웃는 듯 마는 듯
세상을 보는 듯 마는 듯
뚝심 있게 지금의 모습으로 서있으면
강요가 아닌 자발적인 진심으로 절을 받을 수 있으니

어히야
이 좋은 세상, 없다고 서러워 말고
있다고 자만하지 말고
허리 굽혀 절하면서 사는 것도 좋구나

등대

눈박이 눈빛 새는 울어도 소리가 나지 않습니다
깃털이 송송 빠져 바다속으로 떨어져 어디론가
파도에 밀려 사라져도
조급하게 날아가지 않습니다
외눈으로 사방을 휘돌아 볼 때
간절하게 기도합니다
날갯짓이 떠도는 어둠의 심장에 위로가 되었으면
좋겠습니다
밤마다 훠이 훠이 날아올라
그 사람 있는 곳까지 가려고 했지만
날마다 아침의 미소에 털썩 주저앉아 버렸습니다
다시 눈뜨면 어느새 새가 날아 올라가야 할 시간에
울려 나오지 않는 목소리로 노래 불러 보지만
들리는 소리는 파도의 장단뿐이었습니다
어제도 저 파도와 하룻밤 고백으로 날갯짓했는데
어제의 일은 잊어버린 듯 또 그렇게 하고 있습니다
외눈박이 눈빛은 앞을 바라보아야 천년 후 만들고
싶었던 둥지에서

편히 잠들 수 있겠다는 새의 소원입니다
오늘 하루만 눈빛, 새의 날갯짓만은 아닐 것입니다
끝없이 눈으로 빛을 만들어야 살아갈 수 있는
짠 내음 나는 새의 날갯짓에 또 하룻밤 별들이 제 갈
길로 돌아갑니다

욕지도 그 집에서

바다가 들고 나는 집에
바다는 방명록을 남기지 않았다
안녕이라는 인사말도 하지 않았다

그 집은 언제나 문 열어 놓고 있다
바다가 별밤 데리고 와서
잠시 자고 갈 때도
그 집은 가슴으로 보듬어주었다

때론 바다는 우레와 같은 함성으로
때론 잔잔한 호수의 말소리로
들고 났지만, 그 집 그 섬에서는
때론 기다림이 되고
때론 그리운 첫사랑 같고
희비가 교차하는 그 섬의 바다

덩그렇게 대문 열어
마음에 줄을 바다에 던져놓고
섬의 이야기를 걸어 올린다
깊고도 푸른빛
삶의 물고기 수신호에
온몸은 바다의 전율로 하나가 되어간다

내가 바다가 되고
내가 그 집이 되고
내가 꿈꾸는 어체의 실물
하룻밤 나는 이 세상 머물다 가는 삶의 낚시꾼

풍경소리 1

바다에서 살다가
물살의 흐름을 느껴
산으로 올라와 버린 물고기
산사의 처마 끝 물고
깨달음을 암송하는 수행자 되었지만
벗어 버린 육신의 모양은 그대로
바람결 속에 가부좌 한 체로
귀 닫고 눈 닫아도
물살 가르던 습이 남아
바람이 말을 걸어올 때마다
댕그랑 댕그랑
지느러미에 묻어 있던 인연은
시간과 거리에 말라 갔지만
육신의 몸은 가사 스치는 소리에
맑은 염불 소리로
염화의 세계를 말하고 있다

풍경소리 2

산사 처마 끝 풍경 속에는
댕그랑 소리가 많다

바람 좌선에도
염불의 읍조림에도
깊은 참선 끝에서도
댕그랑

바다에서 살다가
바다를 벗어버린 육신

지느러미에 기억된 물길 지우고
바람의 길에서
깨달음의 한순간을 탁발하는
댕그랑

공한 것은
공한 것으로 돌아가서 공함을 여는
댕그랑
물기 빠진 몸은 가사 되어
움직일 때마다
댕그랑

처마 끝에 매 다린 화두 한 줄에 몸을 엮어
깊은 침잠에 빠져
댕그랑

흔들흔들
산사를 읽어 내고 있다

풍경소리 3

허공에 몸을 던져
처마 끝 줄 하나 잡았다
수억 겁을 염원해서 이룩한
지금의 자리
꽉 깨문 어금니에 통증이 스며들지만
참고 완성시켜야 하는 염원
가진 것은 댕그랑 거리는 결심의 다짐
물살의 기억 스쳐지나갈 째마다
몸 흔들며 털어 낸다
물의 습기 말려가면서
조금씩 느껴지는 공의 세계
댕그랑 소리 허공에 저장한다
물속과 허공의 경계가
공의 위치로 돌아 가면 하나일진대
또 어느 곳으로 가려고
바람 속으로 들어가고 있는지
댕그랑의 화두 맑게 울리면서
깊은 무념의 세계에서
조용히 자신을 본다
댕그랑

나팔꽃 나의 아내와

여린 줄기로 당신을 향해

더듬어 갑니다
그대 얼굴 보고 싶어
꽃 한송로 미소 짓는
가슴앓이 표현법에는

늘 수줍음이 많습니다

꽃이고 싶어 꽃말의 사연
살알짝 숨겨 보지만
뿌리 깊은 곳에서
흘러나오는 나팔소리 노래의 음계는
조용한 풍경으로 번져갑니다

햇살 따가운 일상의 반복에도
처음처럼 당신을 물들인 꽃잎에는
세월의 흔적 스며들어도

당신을 향한 마음의 표현은
구김살 없이
당신만을 바라보는 나팔꽃으로
당신과 함께 살아가렵니다

지게 짐 한 짐

가진 날 보다 빈 몸이 되는 날이 많았다
누군가의 등에 올라타야 일할 수 있는,
하고 싶은 일이 많았다
지신의 이야기 들어줄 토막나무를 불러 모았지
마른나무도 할 말이 있는지 꺾이는 소리 낸다
힘없이 부러지는 나무들을
어디로 데려가려고 하는지
한겨울 살림살이가 너무 춥다
나무가 지닌 것을 빼앗아야 한 짐 가득 채울 수 있지
저 오래된 습관과 무작정 입 벌리고 있는 아궁이
나무의 성분과 관계없는
먹어치우는 일들이 익숙했었지
이렇게 되려고 송곳이 두 개 쑥 내놓고 살았나
문 닫힌 창고에 홀로 있을 때
자신이 부렸던 등은 그를 멀리하고 있는데
지나간 권력 같은 나무들의 목소리가

환청으로 남는데
오늘은 또 무엇을 지고 가야 하는지
지고 가야 할 짐들이 여기저기 보이는데
이제는 뒷길로 밀려나 사라지고 있는데

폐가의 중얼거림

오래된 이야기를 하려고 바람이 들어오는 곳에
입을 만들며 살고 있다
수많은 말들이 집 안에서 움츠리고 있는데
서론 본론 결말에 거마가 자리 잡아 계속 이야기하라고
하네
숭숭 뚫린 미완성 이야기가 푸석해지는 문지방을 밟고
혹시나 누가 오나 하고 문을 흔들고 있네
집 속에 폐가같이 유배당한 할머니 모습이 보이네
할머니는 혼자 자신의 말과 모습을 만들었고
기웃거리는 바람에 자신의 방에 들어와 보라고 하는데
오래된 이야기들이 방안을 꽉 채워
할머니 의의 말소리가 들어가 있을 틈이 없었지
머리카락 빠지듯 사라지는 기와는 혼자 말하고 있는
할머니의 말을 그만두게 할 수 없었지
자글자글해진 주름살 가득해진 마당은
자신의 몸이 가벼워졌다고 풀잎의 무게를 불러왔지만
점점 쇠약해지는 소리는 자꾸만 가라앉아 가고 있었네

부서지면 산산이 흩어질 소리의 기둥과 벽들
갸르렁 거리는 숨결에 고요함이 성큼성큼 걸어 들어가네
적막은 늘 소란스러움을 동경하고
소란스러움은 적막을 동경하고 있는
등 뒤에 있는 오래된 이야기 집은
조금 부서지고 무너졌어도
입술을 달싹거리고 있네

잠의 꿈

하루를 불태운 석양의 하늘
피곤함에 절은 잠이 대기하고 있다는 소식 들었다
목숨보다 더 질긴 밤의 독재자
한때 철야 작업으로 항거했던 불면들이 있었다
세상 모든 잠보다 더 아리송한 꿈
그는 늘 배경을 바꾸지 않았다
수시로 찾아와 그의 세계로 갈 것을 재촉할 때면
달콤한 유혹의 사실이었다
이루고 싶었던 꿈을 잃고 외면당하는 꿈과
깊은 나락으로 빠지는 좌절의 밤과
질질 끌려들어 갔던 밤의 골목길 안쪽에서
반항하며 꿈을 다듬어 낸 것이다
꿈이라는 것은 희망이라는 손길의 움직임으로 만든
모든 사람의 평범에서 출발해야 한다
깊은 숙면의 꿈이 만들어내는
아리송한 방정식
꿈으로 세상을 누비는 사람들이
꿈을 퍼트리고 들어가는 잠의 중심부

꿈은 깨어져 버린 꿈을 수리하고
다시 또 시작이라는 출발의 신호,
꿈을 잃어버렸다면 나는
얼마나 슬픈 불면증에 시달리며 살고 있을까
잠시 짬 잠으로 그들의 행방을 물어본다
한 사람이 살아온 꿈이다

잘 가시게

장례식장에 들어가면
그대는 생전에 받아본 적 없는 상차림을 앞에 놓고
끄덕끄덕 사람들의 절을 넙죽 받아먹고
평생 향수 한번 뿌리지 않았는데
향불 피워 향내 풍기면서 저승 가는 멋을 뽐내고
자식들의 곡소리가 노래인지 헷갈려서
귀 열어놓고 들으면서

평소에 안 좋았던 감정을 무시하고
절 두 번 하고 나니 상주에게도 한번 절하고
절값 받아 노잣돈 한다고 봉투 하나 받아 챙기는 그대
질기고 악착같았던 인연
잠시 저승 문턱에 놓아 놓고

그대 육신 3일만 있으면
먼지 속에서 흩어지겠지
무거웠던 육신 벗고 잘 가라는 말 한마디 한다
지금 이승에서의 만찬 즐기시라

제 자리를 찾아
끄덕끄덕 영혼 흔들며 가고 있는 그대
알 수 없는 감정으로 날 찾아왔다 가나 보다

시의 소말리아

시의 젖가슴을 만지면서 칭얼거립니다
시의 젖가슴 점점 메말라가고
영양실조에 걸린 나의 시 육신은
아사 직전에 도달해있습니다

시의 어머니는 조금이라도 더 먹이려 했지만
가뭄이 들어 시 한 뿌리조차 구하기 힘들어
눈물조차 말라 허공만 보고 있습니다
시의 나라에 시가 없다면

최악의 빈곤에 시라는 생명으로 태어난
어린 나는 그 어떤 첨삭의 양분을 먹는다고 해도
이제는 소생할 기운이 없어졌습니다
태양같이 작열하는 질타에 시가 겁이 납니다

누군가 시의 구호를 위해 나서보지만
자양분이 이미 소진해버린 나는 소말리아입니다
시의 나라에서는 시가 시의 권력을 만듭니다
시의 폭탄과 시의 총알에 관통해버린 시심

당신과 나는 시의 죽음과 환생을 위해
생명을 건 시의 소생을 위해
말라가는 젖가슴을 위로해야 합니다

여백의 공간

이사하려고 짐을 옮긴다
장롱 냉장고… 자리 잡고 있던 제품들의 뒷면에
때 묻지 않은 벽의 얼굴을 본다

그는 어디까지 더듬어 갔다 왔을까

늘 자신의 앞에 알지 못한 그 무엇이
시야를 가로막아 서 있었기에
가로막은 것들을 밀쳐놓고
자신만의 틈을 만들어 세상을 살고 싶었다

언제나 쓸고 닦였던 물건의 옆과 앞은
풍만한 반들반들한 모습의 자랑질에
그는 자신의 앞면을 보려고 했지만
여태껏 한 번도 보지 못했다

그가 만들고 있는 그만의 여백,
그 여백과 여백 사이에는 천리의 거리로
늘 침묵이 존재하였기에
찌던 때로 얼룩진 옆면들의 수다에
때론 가슴 치며 울어도 보았지

오래전 가슴에 담았던 꿈 한 조각 그리워하면서
밝은 빛 한번 받아보지 못한
그 세월은 미개척지 섬처럼 조용하였지만
정성스럽게 귀를 열면
만선이 되어 향해하고 있는 조각배 한 척이
노쇠한 옆 벽을 이끌고 가고 있는 소리 들린다

시간 속에서

전생에 난 자명종 안에 갇혀 살았었다
날마다 분침과 초침의 감시망 속에서
나의 심장은 째깍거리고 있었다

낯익은 시간들의 간격은 늘 가까이 박혀있고
시간의 틈 속으로 들어간 기억들은 돌아올 줄 모르고
직벽의 차가운 가슴으로 달렸다

평생을 한정된 공간에서
포로처럼 주어진 일 해낸
이름 없는 시간의 이름일 뿐

유리 어항 금붕어가 입만 벙긋벙긋하듯
시계밖 세상을 바라보며
철조망 같은 유리 너머 보며 서성였는데

수천 년을 그곳에서 살았다. 조금은 늙어 있는데
이곳이 이번 생의 전부일 수도 있는
순간순간의 생명일 것 같아
짧은 하룻밤 꿈이 진하게 깊게 색칠되었다

안과 밖의 시간과 나는
실선으로 이어져
홀로 살아가는 숨소리 내며
조금씩 세상으로 탈출하고 있는 밤

12월 마지막 밤에는
외로이 자명종 속에서
나는 시간 하나 들고 울고 있었다

화장터

관속의 아버지 누이고
형제 친지들 울고
이것이 이승에서 마지막이라고
안 나오던 눈물 나도 모르게 흘리고
3번으로 들어가서 조용히 몸에 불을 붙이고

칠십이 넘은 상주
힘에 겨워 대기실 의자에 앉아 늘어져 있고
상주보다 더 늙어 보이는 딸 울먹
아버지 엉엉 소리치며
대리석 바닥 두드리고
밖에는 백설기 같은 눈이 내려
사방천지가 환하고

당신의 육신 이제 한 줌의 먼 지속에서
아주 뜨거웠으리
부디 극락왕생 하소서
마지막 올리는 인사말이니

훨훨 흩어지기 전에
미처 못한 말 하고 가소
좋아했던 술 한잔
잘 잡숫고 기분 좋게 가소

나무의 나이테

굵은 나무가 나이테를 보일 때면 이젠 끝장났다는 말이
되겠지
장례식장에서 나무의 나이테에 둘러싸여 누워있는 저 사람
일어나서 어서 오너라 하며 말을 걸어주길 바랐지
화환과 과일 몇 개 내밀었지만 아무도 먹지 않았지
내 나이도 저 나무의 나이를 닮아가고 있으니 겁이 난 거야
반갑다는 말보다 잘 가시라는 말을 먼저 툭 던졌지
조의금 봉투에 이름 적고 상주가 봐주길 바라면서
예의라고 정해진 순서에 절했지
절하는 순간 나도 바닥과 나의 머리가 가까워져서
벌떡 일어나 그와의 거리를 벌렸지
그와의 몇 마디는 그저 혼자만 말하는 허공이었고
삼일 장치면 그는 저 문을 나서서 불소 씨게 되어 훨훨
타겠지
그런데 연기 때문엔지 자꾸 눈물이 나는 걸 어떻게 하지
나이테가 사라질 때쯤 나는 나무로 환생할 수 있을지
궁금해

적다와 쓰다

한 줄로 적다와 한 줄로 쓰다는 무엇이 다를까
굳이 나누자면 아버지와 어머니 다 같은 부모

시 한 줄 적다에 고민이 생긴다
아직 탈고 중

시 한 줄 쓰다 에는 더 고민 중
과연 시가 될까?

적다와 쓰다 에서
무수히 많은 가슴의 울렁임을 만나게 되지

작은 소리와 큰소리들이 모여
적다와 쓰다를 만들어내지

우르르 뭉쳐 달려오다
순식간에 멈추어버리는 그것들

참 흉물스럽고 이상한 놈들이야
야 너 이리나와

히얀 빈 공간에 뚜벅뚜벅
쓰다와 적다는 자리다툼 중

보고 싶다

별을 품고 사는 줄 알았는데
어느새 가고 없구나
잠 못 드는 날 넌 나에게
수많은 이야기 해준 친구였는데

하룻밤 나이도 저물어가니
황당한 소식 전해지는구나

어둠을 가슴에 걸어놓고
잠을 자는 순간
저쪽 끄트머리에서
널 밀어내는 병마가 야속했다

그래도 별빛을 주고 간 친구야
가깝고도 먼 곳에서
날 보고 있을 친구야
병문안 가듯
나도 너에게 언젠가는 가겠지

낡은 냄비

쭈글쭈글한 주름 너희들만 가지고 있느냐
오랫동안 담고 끓이고 익히고 비워낸 흔적

얼마나 많은 음식 재료들이
품 안에서 푸른 잎사귀 익혀
요리로 태어나게 하지 않았느냐

날 뜨겁게 만드는 불의 세상에서
불의 거침을 이겨 낸다는 것은
대단한 단단함으로
불과의 타협점을 잘 찾아내는 일이었지

조금은 색이 바래 보이고
조금은 없어 보이고
조금은 가벼워 보이지만

더 많은 음식재료들로 맛있는 것들 조리할 수 있나니
너무 늙고 낡았다고 무시하지 마라

가족들을 위해 아직 많은 음식을 제공할 수 있는
지금도 마음은 청춘 냄비다

열고보니 허공 / 김두기 시집

2

느낌의 하늘 보기

젓가락

젓가락으로 밥 한 공기 퍼먹었다

간만에 좋아하는 육회를 먹었다. 젓가락이 육회를 집어 줄 때 입은 그저 제비 새끼처럼 벌렸을 뿐이었다. 일식 한정식 중국식. 언제나 그 자리에서 먹는 것을 집어서 먹여주었다. 할머니 입이든 어린아이 입이든 당신은 누구의 입에 음식을 넣어주면서 음식이 가득하게 보이는 입이 당신은 더럽다고 생각해본 적 있겠지

가만히 생각해보면 할머니께서는 내가 감기에 들어 코가 막혔을 때 입으로 콧물도 빨아 주시던 사랑의 모성이었다 늙어 말라버린, 그저 어린 손자에 불과한 나는 이기적인 욕심쟁이였기에,

할머니께서 드시든 말든
육회를 정신없이 먹었다

할머니 무덤 상석에 젓가락을 놓으니
할머니는 아무 말 없이 내 곁을 떠나갔다

젓가락으로 드셔 보세요
할머니 입을 찾을 수 없다.

그래서 울었다

어느 행성에서

지구가 보이는 우주 행성에서 보는 불빛은 영혼들이 춤추는 모습이다 둥둥 떠다니는 바람소리에 매달려 있다 그 불빛을 보면서 낮과 밤을 분간하는 우리의 종족들마다 그 불빛을 한 번쯤 만져 보았는지 손바닥에 붉은 점들이 붙어 있다 이점들이 우리들의 지문이다 오래전 그 불빛이 우리들의 손에서 피어났다가 지구로 돌아갔는지, 지금의 온기는 은은한 향기처럼 우리들 맥박에 스며들어있다 지구가 우리 행성에서 벗어났는지 우리가 지구에서 벗어났는지, 이렇게 불빛이 그리움으로 다가오는 지금 우리들이 처음 피웠던 그 불씨는 잘 있는지

그 불씨는 우리들을 전혀 알지 못할지도 몰라, 바다 저 깊은 곳에서 육지로 나오려고 으스스 떨고 있는지, 불빛이 이쪽과 저쪽을 연결시키는 통로가 될 때 같은 우주에서 서로의 친구가 될 수 있음이야, 우리 종족들이 모여 그 불빛에 대한 깊은 토론을 하다 보면 아직도 그 불의 따스함이 우리 종족 깊숙이 스며있음을 알게 되었지 조금씩 느껴지기 시작한 불의 온도도 따스함에 익어 잠을 청해 보

는 늙은 종족이 나오곤 했지 본디 저 불빛이 우리들의 본모습이 아니었을까 우리 종족이 불의 사용법을 잊어 저 지구의 불빛이 그리움의 대상이 되었을까 우주족의 최고 현자는 어떤 불빛을 알

말할 수 있는 것인지, 아무리 팔을 뻗어 잡아 보려 해도 잡히지 않는 지구의 불빛, 지구와의 거리가 툭하고 뛰어내리면 될 거리 같은데, 아직 가보지 못한 우리 종족, 지구의 불빛에 물들어 그리움을 날마다 소인처럼 찍어 보낸다

태양의 뿔

그림자 불볕 여름이면 그의 더듬이는
주름살 깊은 곳까지 파고들어
바짝 말라 가는 가슴에 싹을 피워내고 있지

더듬이에 걸려 하루 종일
단내 나는 비탈길을 수십 번
올랐다가 내려오고
덜렁거리는 유리창에 하루를 보여 주었지

환호성이 자연적으로
쇠를 연마하고 남은 쇠 조각처럼
고봉으로 쌓아 놓고
미소 한 자락 걸친 체 퇴근하듯
서쪽으로 가곤 했지

때론 무서웠지
무작정 그의 뿔에 걸려 구석진 자리만 찾는 동안
꿈꾸든 것들은 지글거리는 아스팔트 위로
달려가고 있었기 때문에

뿔들의 잔치가 스며든 통로에는
황혼을 넘긴
노랫소리만
유일한 증거로 남아 있을 뿐

거부하여도 거부해서도 안 되는
저 햇살의 뿔에는
과거의 길목에 발을 내려놓았던 나 자신은
살며시 칙칙했던 발목이 덮으면서
내려앉는 길 하나가 되고자 했지

뿔의 소리는 넓게 울려 퍼지지는 못했지
자리에서 자신만의 기록으로
생을 이루고 싶었기에

아스팔트

자꾸 굵어지려는 핏줄이 터진다
제 모습을 잃어 기억상실증에 그저 웃기만 하는
그 율동에 핏물 먹은 검은 얼굴이 굳어간다
뒤돌아 서버린 검은 등 뒤에서
몸살로 허우적거리는 외로움들
자신은 한 번도 달려본 적 없어도
끝까지 숨 호흡 놓치지 않으려는
핏줄을 끌고 달려 나가는 검은 뼈들
관절과 관절을 움직이게 하는 것이 아니라
서로가 멀어지려고 밀쳐내 있다
생의 전부를 제 등에 올려놓고서도
끝까지 숨 호흡 놓치지 않으려는 핏줄

자신이 부여받은 이름 때문에
오로지 한 가지 일만 할 수밖에 없기에
제 핏줄을 남에게 수혈해야만 하는 몸은
너무나도 만만하였기에 아무나 지나다닌다
신호등을 눈 삼아 기다림으로 보낸 날들
자신이 가진 단순함과 복잡함이 빗어낸 저항들은

빠르기와 느림에 제 몸을 송두리째 바친다
빗물조차 스며들지 못하는 단단함의 건조함이
어느 누군가에게는 행복이 되겠지만
풀들이 살아가기에는 불편한 곳이다
굴러다니는 알갱이들을 달리게 해 놓고서
미련처럼 바라보고 있는 곳
서서히 노후되어 파인 등 밑의 살결에서
새 생명의 숨결을 느낀다

길을 잃어버린 심장은 뻥 뚫린 바람 길을 만든다
이름도 지워버리고 숨결도 멈추어버린 등뼈가 낮아진다
속도로 제 모습이 이렇다고 말하는 결과뿐이다
아스팔트에서 살아남을 수 있는 것은
검은 심장을 가진 미소뿐이다

벤치의 그림

용두산공원 벤치,
일생을 정리한듯한 노인이 힘없이 앉아있다
푸른 소나무보다 더 짙게 살아온 육신
때론, 저 푸른 소나무 속에는 강철을 다듬는 힘이 있었다

세상을 두드렸던 용기와 자신감
비록 단단한 배경을 지니지 않았지만 두드림을 멈추어 본 적 없었다.
스스로 손들을 찢고 고통에 눈물이 글썽거려질 때면
두드림의 강약 시간과 거리를 살펴보는 순간이었다.
모든 젊음과 돌아갈 직장을 잃어버리고 무력해지는 밤에
덩그런히 마주한 벽에다 대고
세상 탓이겠지 물어보면서
허리뼈가 우두둑 소리 내면서 일어난다
허전한 한나절 동안 자신의 모습 감추고
다시 살아 내는 것이다.

노인이
사라지고 나면 저 벤치에 내가 앉아 있을 것 같은
생각이 들 때
순하게 받아들여야 하는지 고민해야 한다
포승줄 같은 시간을 허물고
늙어도 늙음 탓하지 않는 모습 보이는
멋지고 완숙한
늙음이 잘 어울리는 노인들이
세상의 윤활유로 매끄럽게 걷고 있는 황혼의 저녁
용두산 공원 벤치에는
늘어지고 처진 늙음을 다시 정리하고 있는 모습
그대로의 젊음,
노인 속에 젊음이 다시 소생하면 과연 어디로 가려고
할까 봐
노인의 미소가 벤치를 닮아가면서 하루를 나누고 있다
한 사람이 살아온 흔적이다

내일 또 내일 대나무

미지의 영역을 개척하려고
뼈마디 엮어 층층이 탑을 쌓는다
지층의 공명 소리 안에 품고
그곳이 어디인지
그곳이 좋은 곳인지
흔들리는 가지 끝에 매단 바람소리로
먼저 알린다
내가 그곳으로 가고 있다고
푸른 옷 한 벌 걸치고 곧은 자세로 힘을 주었다
발목에 다져진 시간들이 거울처럼 보이고 있는
조용한 말 한마디
하늘을 향해 한 줄의 문장을 쓴다

하늘의 틈을 열고 열쇠처럼 흔들어 열어보려 한다
하늘을 향해 무조건 경배하던 오래전 고대의 종교처럼
오늘도 도시와 사람들 사이에 좌표와 지표의 햇살
하나 만들어진다

쓰러지면 반동 가리 되어 꿈의 기억으로 하늘을
갈무리하며
마디마다의 연결점 역에서 자신의 이름을 불러보게 한
하늘에는 분명히 무엇인가 있다

지상인의 이정표 같은 말씀 하나로 살았다
단단하고 야무진 나무에 하늘을 조금씩 담았다
뼈마디에서 들리는 소리가
더 깊은 하늘을 향해 달린다

걸어가는 인도

그는 너무 납작한 평면을 소유하여
사람들 걸음걸이만 그를 알아볼 뿐,
수드라
평면을 일으키려고 연결의 점을 이어가는 인도는
삼각으로 치솟은 계급을 알고 있다
면과 끝이 서로를 멀리하는 꼭짓점
인도를 더듬는 긴 시간의 촉수들은
도시 속으로 들어오는 묵인의 방관으로
수드라, 수드라
코뚜레 걸린 소의 일터일 뿐
부자와 가난한 자의 시간이 흐른 뒤
하라 잔 인도는 변형을 멈춘 화석이 되었다
인도를 점령해가는 인도의 인간들은
바쁜 걸음으로 제 발목에 힘을 주면서 걷는다
인도를 벗어나기 위해 인도를 걷는 일
갠지스강 흐린 물속으로 연결된 인도
언젠가 삼각의 무게 허물어지는 날

서로의 평면이 걸어 나와
밟혀 상처 났던 곳을 서로 만져줄 것이다
나는 걸음을 잠시 멈춘 체
눈빛이 도달할 수 없는 면의 집을 본다
걸어온 만큼 아픔이 달려왔기에
인도에 흩어져 있는
비 눈바람 흙의 바르나를
불러들인다
수드라의 지도가 동서남북 가리키는 곳에
달리고 있는 햇살에는 땀방울리 맺혀있다

눈의 문장

백색의 마침표가 써 내려간 문장이
조금씩 완성될 때마다 밤은 더 하얗게 깊어졌다
하얀 잉크 듬뿍 찍은 나무는 겨울을 스케치하면서
사람들의 발자국이 찍어 놓은 감탄사로
한 줄의 노랫말을 쓴다
바람은 아직 발성법을 익히지 못한 음정으로
노래를 하고 있다
완성하고 싶은 문장이 꼬일 때마다
응달진 곳에서 부화하는 차가움을
쓰고 지우는 마침표 속에서 그리움이 하얗게 되었다

창문을 열고 가슴속 말을 혼자 던질 때
불현듯 생각나는 나의 마침표 문장
생각나지 않는 마침표의 방정식에 얼굴을 대입시켜본다
수천 번의 마침표 공식 안에서
충돌하고 사라지고 했던 생각들이 마침표 찍을 때
지금까지 쓴 나의 문장들은 어디론가 떠나려고
설익은 기억을 지우려고 분주했다

설야의 문장은 고요함을 품고 어디론가 떠나길 부추긴다
마침표를 지니지 못한 생애에서
아등바등 곁눈질하면서 겨우 한 줄의 문장을
해독했을 무렵
허공을 떠도는 나이에는 밑줄 칠 그 무엇도 없었다
큰 밑줄 그어놓으려 했던 설야의 문장은
날 탈탈 털어내면서
밤새도록 설야를 탈고하였다

그늘

새 달력을 달려고 헌 달력을 떼어내니 그 자리에
아직 세상 구경하지 못한 그늘,
그 품 안으로 달려 들어온 중얼거림의 소리에
인쇄된 숫자가 맨발로 슬며시 발을 내밀고
한참 동안 어디로 가야 하는지 고민했던 흔적에
새로 돋는 일월의 첫 숫자 하나 꼭 잡고
홀로 기도하는 것처럼 조용한 말을 되새김질하네
날마다 그늘로만 살아온 시간도
올해에는 12장이 아닌 13장의 의미를 기록하는 것인지
우수수 떨어지는 낙엽의 휘날림처럼
삼백육십오 일이라는 바람으로 어디론가 달렸던 그늘
달력 뒤면 벽에서 자신의 땅을 일구고 있어
나에게도 다시 한번 더 일구고 싶은 땅이 있어
제야의 종소리에 몸살 앓는 것처럼 부르르 떨고 있는지
주변 백지보다 더 밝은 그늘의 그림자로
내 가슴속을 가득하게 하는 그늘,

달력 뒤의 삶으로 살아왔던 자리에서
못한다는 말, 이제는 해서는 안 되는 것임을 알게 되었네
달력에 가려 못한다는 말
수백 개의 숫자 무게로 부딪치며 내게로 왔던
지난해의 그늘을 새롭게 태어나게 하려는 옹골찬 몸짓

그림자

타고 있는 하늘 뒤편
주름살 가득한 슬픔을 불어대고 있는 산 12번지에
그림자가 옹이처럼 박혀 있다

번화가의 불빛들이 스쳐 지나가는 이름들을 무시하듯
비탈진 골목을 큰 덩치로 지그시 누르고 있듯
흔들리는 가슴속 길을 나지막하게 걸어 덜렁거리는
창을 똑똑 두드린다

동아줄보다 더 질겼다

때론 왁자지껄한 고함에 가라앉아 있던 온기를
던져버리고
혀처럼 날렵한 하루들이 미각을 잃어 가는 동안
아버지, 말려도 뽀송뽀송해지지 않는 담요 한 장 덮고
꿈꾸고 계시는 걸까

두 팔로 보듬고 살아온 통로들은 어느새 황혼을 훌쩍
지난 노래였다

달라붙은 껌처럼 낮아버린 비 오는 날
내일 대신 과거의 길목에 발을 내려놓고 있는 아버지
아버지의 총기 잃은 눈빛을 걷어올리며
나는 살며시 내려앉는 햇살 하나가 된다

푸르게 흔들리고 있는 잎사귀는 이루고 싶었던
나무의 꿈이었던가
형광등 곁에도 그 자리는 여전히 빈 여백이 있었고
그림자가 질긴 목숨을 더 깊이 위장 속을 채우며
짧았던 미소를 담 너머로 던져 버리려는 듯
우두커니 앉아있는 자리에 주름살이 차곡차곡 쌓였다

바람에 찬 기운 스며드는 저녁 무렵
처마 끝에서 덜렁거리는 소리 끝에 들리는
마지막 한마디
울려 퍼지지 못하고 그 자리에서 기록된다

가을날의 첫마법

단풍이 흥얼거리는 따스한 가을날
왈칵 쏟아내는 마법같이 가을이 배달되어 왔다
딸아이도 첫 마법을 하는 가을인데
성장해온 단풍 기록들이 핑크빛 되어 마주한다

세월이 어느덧이라는 생각에 젖어든다
한해의 손때가 묻어나고 또 한 해가 그렇게 지워지고
그렇게 마음에 새겨지는 가을날에
허허로운 웃음으로 바라봐 주는 일이 필요한 일지인데

내 나이 흩날리는 단풍잎 하나 호명하여
일렬로 줄 세워 점검해보는 상처 같은 시간도
무럭무럭 자라나는 딸의 수액이 맑게 스며들어 붉어졌네
부끄러워 말을 하지 못하고 슬쩍 피하는 부끄러움이
단풍 바람에 우르르 몰려가고 있는 듯하다

가을의 표면은 아직 거친 감촉을 전해주지만 나는
옆구리를 이상하게 만드는 감정이
꺼칠해지는 증상을 성장통 아쉬움 증후군이라고
단정 지어버린다

어설픈 선무당 되지 않기 위해
뒤적거려보는 관련 책장 속엔 가을의 단풍잎이 건강하게
상향곡선을 그리며 웃고 있었다
웃음소리가 가라앉자 어디선가 아빠 하는 소리가 났다
흠칫 놀라 라마즈 호흡법으로
후 후 후
흘러내리는 식은땀의 이유에는
들키면 민망할 가을날이 있기에 햇살로
쓸어내린 가슴 말린다

사진관 거미

한 컷으로 오늘 거미에게 나의 모습을 밥으로 제공했다
밝음과 어둠으로 이룩한 거미집 속에는 조금씩 먹히고 있는
겁먹은 표정을 짓지 못했다

한순간에 빼앗겨버린 일순간의 정지에는 유효기한이 없어
조금씩 색 바랜 양식으로 거미집 속에 갇혔다

움직임이 포박되어 버린 모습
저 거미집에서 웃고만 있는 먹이는 어떤 생각하고 있는 걸까
생의 순간순간이 정지된 필름의 연속인데

오늘 또 어디엔가 거미들이 조금씩 다가와 실을 뿜어 만든 거물에 붙잡혀
나비와 꽃들이 세상의 모습으로 붙잡혀 그 모습 그대로 소화되고 있겠지

거미에게 짧은 날의 한때를 어제와 오늘을 합한 모습이
찰칵 붙잡혀 가느다란 실처럼 가늘게 파닥거리며 살다
보면

지금도 그 사진관에는
거미와 오랜 세월을 해온 정든 모습이 윈도에 걸려 거미
의 위장을 채워주겠지

나는 거미집에서 나와 거미집가 우글거리는 세상 속으로
들어가서
다시 한번 사진을 찍으려 거미와 만난다

박제 1

내 모습을 박제하려고 사진관에 간다
동물들만 박제할 수 있다는 생각을 버린다
은은한 조명을 다듬고
비뚤어진 정면 각도 바로 잡고
하나둘에 미소 짓는 표정하고
순간 나의 모습은 찰칵 박제되는 순간이다
사진 값과 박제 값 사이에서
잠시 길을 잃은 아이처럼 잠시 갈등한다
한번 벽면을 타고 걸리면 시간이 수시로 지나가는 것
바라보면서 웃는 표정 그대로 바라보아야 하는 것
누군가 쳐다보면서 못생겼다고 흉보아도 듣고 있어야 하는 것
어떤 이는 어디선가 본 얼굴 같다고 고개 까딱이는 것
봄여름 가을 겨울, 처음 입었던 옷 그대로 입고 있어야 하는 것
나의 영혼이 어디에서 무엇을 하고 있는지는 아무런 상관도 없는 것

어디로 갈지 아무런 생각과 변명조차 못 하는 것
얼굴 근육이 수년 동안 그 표정에 굳어 단단한 박제가 되어버린다
남들에게 한 번만 더 봐달라고 웃는다
관심 속에서 관심받고 싶어 박제인 걸 포기하지 않는다
자동차 클랙슨 소리에 몸이 부르르 떨린다
어디론가 가고 싶은가 보다

박제 2

순간의 정지와 순간의 찰칵 이 만나 기나긴 멈춤이 있다
조명과 필름의 광합성은 화면을 가두어 놓으려 바쁘다
정적을 방해하는 빛들의 시끄러운 소리에 갇혀버린 모습이
가볍게 손에 드리운다
순간이 정지를 위로하는 일은 잠시뿐이라고 침묵한다
오랫동안 기억과 추억을 조명과 각도에 맞추어 가는 일
이다
혼자 가슴 밑바닥으로 말과 표정으로 하고픈 말을 토해
내고 있다
딱딱하게 굳어가는 자세에 물기가 사라져 시간이다
그러나 지울 수 없는 순간들이 먼 길을 나서는 때이다
액자 속에서 평평하게 살아내는 일은 부드럽거나 따스함
이 아니어서
벽을 타고 가야 하는 혼자만의 길이기에 험난하다
이 지루한 한 가지 표정은
벽이 허물어지는 그 날
조용히 박제된 생을 마무리할 것이다

서로 바라보기

현상된 사진 한 장
누구야 물어온다
저예요

나는 이렇게 숨도 쉬고 말도 하는데
저 그림이 나라고 한다
과연 저 그림 속에 있는 사람이 나일까 싶어
자세히 한 번 더 본다

만인들이 인정해버리는 사진 속 나
나도 나라고 인정해버리는 나
갑갑해서 안개 낀 호수를 본다
안개가 호수를 덮고 있는 것인지
안개를 만들어 노래하고 있는 것인지

사진 속에서 날 보고
난 사진 밖에서 날보고
제 모습을 찾아 박제하고 있는가 보다

가을과 겨울 사이에서

아주 비좁은 틈에서 서로의 옆모습을 본다
일 층 위에 이층이 있듯
계절의 층에도 끝맺음과 시작이
우르르 왔다가 한 발씩 걷는다

꼭 알아야 하는 사이
서로 사랑해야 하는 사이
서로 하나가 될 수 없는 사이

멀어질까 아쉬워하고
가까워 면 더 멀어지는 사이
여행을 떠난다
철로의 평행선으로
잊히는 추억이 되고
달려가는 내일이 추워질 것 같아
동그란 그 사람 얼굴 그려놓는다

조금은 따스하다
그가 있으므로 견뎌 날 수 있을 것 같은
틈과 틈 사이
비좁지만은 않다

안개 집

뿌연 빌딩, 아파트 안개가 가슴을 짓누르고 있습니다

월급쟁이로 외로운 급행열차에 몸 싣고 조금씩 저축한 실개천 통장에 조각배 띄워 각종 세금의 급류 이리저리 피하다 보면 창안으로 넘쳐 들어오는 독백의 기러기 날개. 수십 년을 퍼덕여보아도 그 안개를 벗어 날 수 없어 때론 유리창에 반사된 그림자 집에 둥지를 틀고 잠도 자기도 합니다 가끔은 하느님에게 나의 둥지 하나 달라고 원망도 해본 적도 있고요
아직까지 안개 한 주먹 지녀 보지 못했습니다. 이방인처럼 겉도는 바람처럼 누군가 살짝 발을 걸어도 쉽게 넘어져 버리는 연약한 바람의 속살로 여전히 살아야 하는 현실은 안개 대문을 향해 기어가는 달팽이에 불과합니다

흐느적거리고 질긴 해바라기 눈빛으로 날마다 한 곳을 행해 달립니다

아스팔트는 날마다 더 긴 몸통 늘려가면서 검은 발을 내밀었고 안개 무리들의 입에서는 고공 행진하는 구령 소리로 사방을 감 쌓습니다 안개를 겉도는 갈증들이 안개 안으로 뿜에낸 기도 같은 것입니다

창문 밖 안개 한 무리가 실개천을 신고 달팽이를 어서 가자고 재촉하네요

겨울 늑대

겨울엔 차가운 잇몸이 다다닥 거리며
이빨을 아랫니 윗니 부딪치며
허기짐을 표현하는 겨울 늑대

따스한 자국 뒤로 하고
짐승이 흘깃 바라보는 시선의 각도로
매서운 바람이 지나가듯
송곳 같은 고드름에 깊이 찔려
반항하면서 몸부림치고 있는 지금
뉴스에는 겨울보다 더 겨울의 영세민
머니가 늑대 이빨에 아작 났다고 하네

차가운 동정의 말 몇 마디가 어슬렁거렸고
늑대는 배가 고파
찬바람의 내장까지 꺼내놓고 웃고 있었다
사육할 수 없는 저것들은 거리로 뛰쳐나가

광견병 같은, 미친 것 같은
겨울을 방황하는 무서운 것

신문지 한 장 덮고 자고
따스한 꿈으로 하룻밤을 견뎌내는 곳에서
늑대는 왕창 아픈 곳을 물어뜯고서는

눈물 속에 집을 짓고 있는
저것들은
도시가 만들어 놓은 동물들 때문 아냐?

카메라

널 내 안에 담아 나의 심장 속에 넣고 싶어
당신의 모습을 찰칵하는 사랑의 인화지에
변하지 않을 모습 담고 싶어요
난 외눈박이 눈과 외 가슴 사랑을 하고 싶어요

당신에게 가는 길은 오직 외길만 존재하나 봐요
당신의 모습에 울고 웃으면 당신을 바라보았지요
당신과의 거리는 멀지도 가깝지도 않았지만
언제나 당신을 내 가슴에 품어
당신의 모습이 내 안에서 꽃이 되었지요

난 언제나 그 순간의 모습을 사랑해하고 있어요
오랫동안 그대로의 모습
과거로 돌아갈 수 없는 그 모습
지금 있는 이 순간의 모습 사랑해요

갈색으로 변한 인화지 속 당신 모습
새 총각 새색시처럼 언제나
찰칵
잊을 수 없어요

감기 치료하기

겨울이 되자 주변에
콜록거리는 사람들이 늘어난다

몸속 깊은 곳에 감기 둥지 하나 만들었는지 그 재료가 무엇인지 아세요, 이상하게 전염되는, 이상하면서 평범한 과정을 거치지만 특별한 것이라고 해도 사람들은 보통으로 생각하고 말아요. 이것을 무감각 공황증이라고 말해도 병원 몇 번 다니면 괜찮을 것으로 생각하지만 어쩌면 죽음까지 몰고 갈 수 있는 병이랍니다

어디에서 옮았는지 아시나요? 그 이유에 대한 답을 해줄 수 있나요. 일방적인 강요가 아닌 자발적으로 시간이 지나면 알아서 괜찮아질 것기에, 하지만 몸속에 들어온 저것들은 정치 모사꾼처럼 간사하게 한순간을 자기 몸인 양 마구 앓아눕게 해요 이제는 알겠지요. 감기에 걸리면 자신도 어쩔 수 없이 흔들린다는 것에 무방비가 되고 말죠

선거 때 공약처럼 차가운 날씨를 무기 삼아 몸으로 들어갔는지 알 듯하면서도 모르겠어요 누구에게나 감기 같은

것들을 받아들일 준비를 하고 있는지 모르죠. 감기는 말이죠. 연인들이 서로 옮아 사랑을 나누는 뜨거움으로 세상 밖으로 나가면 겨울이 따스해지지 않을까요? 나는 겨울이 유난히도 겁이 나요

약을 먹을지 말지 고민하지 마세요. 그 감기 버리면 봄볕 같은 켄디션이 생길 거예요
국민을 위해 노력하는 국회의원처럼 감기에도 열심히 이겨내려고 노력하게 되죠
감기에 시달리다 보면 지긋지긋해져 만사가 귀찮아지는 때가 많아져요

감기 대신 비타민으로 지금의 자리 가득 채우면 어떨까요
그때는 감기도 유죄 판결받아 백 년쯤 징역 살겠죠
감기 홍수 속에 사는 우리
그래도 무궁화 꽃은 피어나고 있네요

윤회

범어사 보제루 밑 계단 아래 고목
굽은 등에 햇살이 맺혀있다
나무의 평생소원은 한 걸음이라도 법당에 들어가
삼배 올리는 것
가지마다 수많은 기도문이 기대어
무작정 불심 하나로 기다리며 서 있었다
굽은 등 쭉 펴지면 대웅전에 들어 가볼 수 있다고
잔바람에도 손짓하듯 흔들었던 잎 넓은 푸른 잎들
툭하면 부러져 나가는 가지의 빈손이 구름처럼
한 번도 본래의 물관과 만나본 적 없는 공염불 같은 것
빼곡히 쌓아왔던 시간과 불심에 몸을 담그면서
끝내 보지 못한 "이무꼬"
거칠어진 껍질 속에 꽉 들어찬 마음이
단단하게 들어차 있었다
늙어버린 육신을 높이 치켜세우고
버릴 것 다 버리고 있는 지금
나무의 뿌리 옆에 조용히
싹을 내밀고 있는
새 생명 하나가 푸른 미소 지으며 살아나고 있었다

단단한 칼질

한 번에 잘라내고 웃을 거야
단단한 나무든 물컹한 젤리이든 잘라봐야
양쪽으로 나누어지지
날카롭게 갈아야 잘 잘려
무뎌진 습관에는 안락함이 있었지
아마 당신도 이제 그만이라는 말하며
칼날을 피하려 몸 움직여 보겠지
질타와 시기에도 일정한 어느 한 부분에
어둠으로 단련된 칼날이 들어갈 틈을 쉽게 찾을 수 없었지

잘라보면 몰랐던 사람들도 쉽게 알 수 있는 절단면이 필요해
허공에다 손목에 힘주면 흔들어서
정확한 힘의 조절해야 잘려 나갈 것 같아서
수년을 수련하며 그 경지에 도달하고파
자잘하게 잘려 나간 것들을 무시했지

힘은 권력의 수단으로 만들어졌고
살아남으려는 몰캉한 것은 촉수 같은 안테나에 귀를 달았지
혹시나 하는 믿음을 보이는 티브이 뉴스 화면 보면

칼날이 사방으로 난무하는 것을 보았지

네모난 저 바보상자가 교과서로 변한 지 수십 년
생사경을 이룩한 고수들의 방어에
다시 한번 칼 밥 되어
하루의 밥그릇에 한숨을 담아
겨우 칼날 먹으며 살아간다

수년 전에도 비슷한 칼날이었고
몇 년 후에도 말만 바꾼 칼날이 시퍼렇게 빛을 내고 있겠지
어디를 어떻게 잘라줄까 하고 묻는다면
뇌수술을 받고 싶어요 말하면
조금 더 나은 칼을 만들 수 있을 것 같아서
왼쪽 오른쪽 상하로 휙휙
잘려져 나가는 느낌들이 올 때마다
모른다. 기억 안 나 다로
내공을 쌓고 있는 중

3

깊은 울돌목이 운다

울돌목

당신과 내가 하나가 되면 따스한 온기의 물결이 번진다
男과 女가 만드는 열정의 온도는 오르가슴으로 시끄럽다
긴 물줄기 따라 서로를 향해 달려오는 소리 우르르
왜 이제야 왔느냐고 보듬으며 우르르
서로의 존재를 다시 한번 확인하는 중이다
먼 길 돌아오면서 보고 싶었다고
그리움 깎아내는 소리 들려준다
서로 보지 못했던 시간은 암초 같은 시간이었다
서로 만나 부드럽게 흘러가는 일만이 사랑이 아니었기에
수면 위로 치솟는 물방울을 달래가면서
어루만져 주는 시간은 사랑싸움처럼 소란스럽다
서로를 몸살 나도록 사랑하고 있는 저 소리는
서로가 결코 떨어질 수 없음을 증명하는 증표가 된다.

깊은 만남

먼 길 돌고 돌아 하얀 백발로
널 만나니 왜 이렇게 울음이 나는지

돌아오마 약속 해던 그 당당했던 소리
아직도 생생하게 우르르 내리고 있는데

이제야 생시인 듯 꿈 듯
그 자리에 돌아오니

그대 남겨둔 눈물 소리만 남아
부딪쳐 일어나는 당신의 모습

우르르 외르르
하룻밤 물길에 날 던져놓고

이제는 내가 당신을 기다린다
마음껏 소리 내면서 기다린다

물의 나이테

하향게 부딪쳐 휘돌아 가는 물살 속엔
물의 나이테가 백발처럼 휘날린다
부드러운 언어의 마침표에
강하게 살아온 시절을 증명하려고 하는 것이다
윗물을 받아 아랫물로 물길 만든 울돌목
암초에 의지해서 한고비 또 넘어갈 때마다
제 물살의 보드랍고 고운 감촉이
물의 나이테라고
한사코 또 어디론가 가야 한다는 물의 순응에
부서져 비명을 지르는 물망울이
허공 속에 올랐다가 바스라 질 때마다
지금의 자리에서 해야 할 일이 있기에
물살의 피멍에도 웃으며 살고 있으리라
거칠어진 물의 나이테가
가진 것 모조리 흘려놓는 듯이
물의 나이에는 우렁찬 물의 소리가 나는 것이다
흘러 흘러 강에서 바다로 가는 긴 여정은
하늘도 다시 올라가서
물이 되어 돌아오는 것도 물의 나이테가 있기 때문이다

물의 발자국

물의 발자국을 보려면 울돌목으로 가라
순하고 순한 물의 무게와 발소리
바쁘게 흐르고 있나니
물이 거칠게 한번 일어나면
저토록 속마음 담아 가고 싶은 곳 향해
가고 있나니
얼마나 간절히 원했으면
물의 무게를 저토록 보이면서
하얀 발자국 보이는 것일까
물길을 막고 인간들의 편리함으로 사용하고 있다
한 방울의 물도 안 되는 인간들
물의 발밑에 밟혀 신음할 날 오나니
물의 발자국에 신의 경배 올려야 한다
물에서 물로 돌아가는
물의 발자국 행보는 늘 바쁘다
쉼 없이 꽝꽝거리며
꿈꾸었던 푸른 물집으로 가고 있다

물새의 발자국

천년을 물속에서 사는 새가 있었다
물길 속을 헤엄쳐 다니면서
천 년 전에 잃어버린 발을 찾아다녔다
깊은 수심에서 하룻밤 자고
얕은 곳에서는 발을 본 적 없냐고 묻고 그랬다
하룻밤 자고 나면 또 어디로 가야 할지
막막한 현실에 물새의 눈에 눈물 끝없이 흘렀다
그 눈물이 흘러 개울이 되고 강이 되고 바다가 되었단다
물새는 물 밖에 있을지 모르는 발을 찾아
여기까지 왔다
있다. 물새의 발이
여기에서 수천 년을 찾아주길 기다렸단다
우르르 소리 내며 발자국 보이는 물새의 발자국
물새는 울었다
꽝꽝 소리 나도록 울고 나니
물새는 물 밖 세상을 볼 수 있었다.
훨훨 날아올라 푸른 하늘에서

울돌목을 내려다보니
한 세상 기다림도 저렇게 발자국 남기는구나
참으로 긴 세월이었지만
지금은 너무 행복한 소리로
우르르 쾅쾅

물의 종교

오체투지를 한 체 기도 하는 중이다
위에서 떨어진 육신 아래로 흘러가게 하려고
기도의 주문 말하고 있다
부딪쳐 하얗게 일어나는 아픔들은
힘이 든다는 뜻일 거다
물길을 열고 암초들을 보살피고
물살의 힘으로 올리는 기도

물은 아래로 가는 것이 종교다
가진 물방울 모조리 던져서 하는 기도다

징검다리를 만났는지
감긴 눈처럼 뜨지는 물이랑은 잠시 물의 호흡이다
물속에 사는 호흡들이 잠시 올라와
엎드린 자세를 다시 잡고 있다
물의 기도는 조상 대대로 이어져 내려오는 것인지
물의 길은 점점 더 길어지고
남아 있는 기도문은 물의 뿌리로 돌아가 기다리고 있다

직선으로 때론 타원형으로 돌아가는 물결들은
물의 현장이고 물의 기도를 이루는 곳이다
그래서 저 깊은 곳 지하수가
생명으로 헌신한 물의 소원 맛난다
지구를 두드리고 우주를 씻어 낸 맑은 맛이다

울돌목, 딱딱한 외침의 꼬리 끝을 잡고
흘러가는 물의 기록은
와르르 물의 시간을 만들고 있다

물의 잠

물은 잔잔하게 잠이 들었다
소원대로 물은 있는 지금의 육신을 간직하고 싶었다
물속엔 잠을 깨우는 질투가 너무 많았다
잠을 어지럽게 하던 급한 경사진 곳에서 두두두 소리 내면서 같이 떨어지자고 끌어당겼다
물의 손이 폭포를 꼭 잡으며 하얗게 흔들고 있다
물속에 사는 것들은 모두 물이 가는 방향으로 몸을 돌리고 있었다
집으로 돌아오니 당연하게 생각했던 장문에 햇살이 가득 붙어있는 것을 발견했다
햇살도 방으로 들어와 편히 잠을 자고 싶은 것 같았다

방안 한쪽 그림자가 드리워진 그곳 햇살과의 경계지점에서 우르르 소리가 흘러나왔다
이곳에도 울돌목이 생겨 흐르고 있었다
서로 하나가 되라고 커튼을 쳐야 할지 커튼을 활짝 열어야 할지
잠시 머뭇거리고 있는 사이에 햇살과 그림자는 한쪽 방향으로 기울어지면서 서로의 자리에서 잠을 자고 있었다

나는 조심스럽게 그들을 그 자리에 놓아두고 거실로 나
왔다
부드러운 조용함이 흘렀다
조용함 속에서 물의 호흡 소리가 서서히 변해가는 소리
들렸다
이곳에도 물이 흘러간다
순간 물의 잠이 벌떡 일어나
와르르 흐른다.
도시가 일어나고 있다

물의 식사

물이 찰랑거리며 식사를 하는 소리에 곁으로 다가갔다
반찬은 물가에 서 있는 나무의 버무린 그림자와 청둥오리 몇 마리 풍덩 담긴 하늘빛 맑음에 단출하지만 푸짐한 한낮의 식사를 즐기고 있었다
물은 그렇게 식사를 하면서 시간을 키워 밤을 불러와 밤을 위한 식사를 시작한다
달빛 하나와 무수히 많은 별빛을 물의 입안에 넣고 잠을 자다가 다시 옮을 거리며 꿈도 꾸고 잠꼬대 같은 바람을 불러와 어둠을 포만감에 젖도록 맛있게 비벼 먹었다
물에 차려져 메뉴를 보면 늘 같은 것 같지만 천천히 변화를 주고 있다는 것을 알게 된다 그 느림 속에 천년을 같은 방식으로 앞으로 나가면서
절벽만 보인다고 고함치던 내가 물의 한입 입맛도 되지 못했다는 걸 느꼈다

여전히 울돌목에는 물이 모여 맛있는 식사를 한다고 소란스럽다

제대로 세상을 시식 한번 해보지 못한 내가
세상의 맛을 알 수 없는 법
물에 차려진 물의 반찬은 썩지 않고 그 모습 그대로 싱싱함을 군침 돌도록 보여주고 있다
천천히 변해가는 것에 귀속되지 못하면 첨단 시대에 배척당하기도 하지
물의 내부에 그 무엇도 받아들일 수 있는 공간이 사라지면 물은 굶어 아사할 것 같다

물도 때론 인간의 지도자에 의해 다른 물길에서 새로운 식사하는 법을 익혀 우리에게 다가오기도 한다. 열량과 칼로리를 계산하다가 울돌목이 그리워 운 적도 있다
물과 난 다른 종족인데 가끔은 물에서 내가 태어난 것 같은 생각에 같은 종족이 아닐까 생각해보기도 한다

물의 방랑

물의 일생은 비탈진 곳에서 살아난다
호수에 담수되어 있는 수동적이 아닌
역동적인 흔적을 지니고 산다
그건 물이 갈 길이었다
물이 하고 싶어 하는 일이었다

방랑벽이 있는 삶
흐르고 흘러 목적을 정하지 않은 물은
겉보기에 그냥 흘러가는 것 같지만
물길에는
하루에도 수천 번도 더 가만히 서서 사는
나무가 되고 싶어 우르르 소리 내는 것이다
정처 없이 흘러가야 하는 생이
고달파 우는 것이다
수천 리 물길이 몸살이 나서 아우성치고 있었다

그 울돌목에
단정한 물길 들이고 조용함으로 세상의
길을 흘러가고 싶지만,
굽이굽이 다가오는 각진 부분과 웅덩이의 중심이
궁금하여
물의 몸은 물을 읽고 다시 떠나고 있다
물 밖으로 한번 나와 보고 싶은 물길은
평생을 떠돌던 아버지의 길이었다

물의 날개

물의 날개가 힘차게 활공하려고 우르르
준비하고 있다
천년을 한 번도 날아오르지 못한 새가
날개를 펴고 하얀 날개 퍼덕이고만 있다
한 번쯤은 물 밖에서 둥지를 만들어 살고 싶었다
물에 묶여 날아가려고 하면
발목 꽉 잡고 있는 물속 세상
하얗게 날개 펴고 또 하늘을 본다
천년을 더 기다려도
날 수만 있다면 더 기다린다
울돌목에서
또 퍼덕거리며 기다린다.

4

가을날의 희곡

천상병 시인 부인 찻집에서

귀천

천상병 시인 사모님 찻집 앞에서

좌우 회전 유턴도 없는 귀천 길
여보시게 우리 차 한잔하세
직진으로 가야 하는
이 짧은 축제의 세상

한잔 마시고 천천히 가세
좋은 벗들과 향기 나는 대화로
찻집 마감할 때쯤
서로에게 인사 나누고 돌아가세

조금 더 천천히 가면 안 되나
향기 그윽한 차 한잔 더 마시고
나누고 싶은 정 많이 나누고
귀천 길에 올라가면서
세상의 차 맛이 참 좋았다고
좋은 기억으로 돌아가세

그녀 생각

가을 희곡들은 더 짙은 단풍의 대사와
감동으로 남을 영상미에 온 산하를 불태운다

가을의 시작 서막부터
가장 좋은 단풍 대사로
가을 무대에 올라간 열연이 뜨겁다

가을이 마지막 연극인 듯
뜨겁게 살다 간 어떤 여배우처럼
드라마가 되어버린 마무리 공연

가을이 전부가 되어버린
단풍나무의 깊은 붉음을 더 갈구하다 떠나버린 그녀
가을 추억 속에 더 밝게 있는 그녀

그녀의 가을 열연에
감동을 몰랐던 메마른 가슴
촉촉한 가을로 남았네

(탤런트 고 김영애 님을 추억하며 다시 한번 삼가 고인의 명복을 빕니다)

소리

단풍나무가 잎사귀 하나 툭 던졌습니다
붉게 물든 색조가 무거운 탓 인가요
나무가 무심결에 읽어 내는 대사인지
조용히 들어보려고 떨어지는 단풍잎을
손바닥에 올려놓습니다

단풍잎에도 붉은 물길이 줄기 줄기로 뻗어 나 있었습니다
산을 넘고 바람 타고 계곡을 건너온 가을풍의 호수가
붉음을 와르르 밀고 어디론가 가고 있었습니다

저 소리는 분명
세상을 살아가는 모두의 소리
밀려가고 밀려오면서
붉어지는 가을이 사는 소리
누군가를 만나고 싶은 장면

가을은 들리지 않았던
보이지 않았던
가을 나무 이야기에 우리도 깊어져 갑니다
선명한 화질이 오늘따라
가을이 가을 곁에서 활짝 피어나네요

기다림

가을 새의 날개가 붉다
산을 덮은 날개의 펄럭임은

어디론가 떠나기 위함인지
바람의 활공에 훨훨 날갯짓한다

저토록 붉은 날개 지니고 산다는 것은
뜨거움이 복받치도록 허공을 불태웠다는 말이겠지

다가올 이별에 붉은 눈물일지도 몰라

날개를 지니고도 날개를 펴보지 못했던
봄 여름의 기억이 고스란히 스며들어
더 붉고 화려하게 산 위를 날아 올라간다

나의 짧은 시간도
저렇게 되고 싶어서 그랬나 보다
후회 없는 삶의 뜨거움을 지니기 위해서

기다림의 날갯짓이
이렇게 아름다울 수 있다면
천년을 기다려 보겠다

가을이 되고픈 남자

가을을 품는 남자가 되고 싶었지
가을을 만드는 남자가 되고 싶었는지 몰라
가을에 물드는 아름다움을 손에 들고
가을을 나누어주고픈 남자가 되고 싶었지
바람, 하늘 별을 통해 만든 가을
나는 그 가을의 주인공이 되고 싶은데
나는 당신의 가을을 좀 더 아름답게 만들고 싶은데
당신의 가을에 조금이라도 더 머물다가
당신의 붉음에 불타올라
같은 날 같은 시간에 함께하고 싶은데
이렇게 말하고 있는 나를 가을남자라고 말해주면 안 되나
당신이라는 가을에
더 붉게 물들고 싶은 나를

대본

울긋불긋 흥분한 연기파들
가지 끝에서 천천히 공간을 내려오는
무언극

다시 돌아올 거라고
이제 떠나려 한다는
굳이 약속의 언약이 없는
가을 산자락을 배경 삼은 영화

당신의 올 가을 대본은 어떤 색인 가요
당신의 사랑 색깔은 지금 안녕하신가요
클라이맥스를 향해 붉어져 버린 상영 시간

나뭇잎의 눈물이 이슬이 되고
안개 낀 호수 주변의 새들은 발레리나가 되고
아름다운 여주인공 단풍잎은
바람에 몸 파르르 떨고 있네요

다시 보고픈 영화에는
가슴을 물들이는
잎사귀의 말이 들어 앉았나 보다

재공연

지금 재공연 중입니다
주제도 배우도 열연 중입니다

그런데
감상하고 있는 난
재공연인 줄 모릅니다

작년 그 자리 그 나무 아래서
손뼉을 쳤는데

지금 새로운 공연으로 착각해서
감동의 숨결 몰아 쉬고 있네요

명작은 아무리 보아도
아름다운 감동이 되나 봅니다

잎새의 묽음이 살짝
머리에 내려앉아 마지막 엔딩 연기를 해주네요

더 깊이 감동이 되는 가을날
지워버렸던 사랑 하나 꺼내 보렵니다

가을 독백

일 년에 한 번 꽃을 피우기 위해
제 몸속에 붉은 물관 터트려
잎새 꽃을 피웠습니다
이 순간이 오기까지 기다림은
부처가 깨달음을 얻은 듯
붉음을 활짝 피운 지금
더는 욕심이 없습니다

사랑도 괴로움도 슬픔도
이 붉음 안에 담을 수 있었으니
한해 살림으로 잘 살다 간다 생각 듭니다

더 붉어지기 위해 욕심을 내지 않겠습니다
비바람에 내 이름을 묻고
대지에 나의 내일을 뿌리내립니다

갈잎에 새겨진 당신
허공으로 퍼진 당신
바스락하는 소리로 서로의 목소리를 듣습니다

가을을 사는 나무

나무가 붉은 심장을 지녔다는 것을
이제야 알았습니다

살아가는 일이 뜨거운 심장 박동
붉은 갈망으로 살아야 하는 것처럼

나무는 태양보다 더 뜨겁게
살고자 한다

푸른 잎사귀에 가려
미처 알지 못했던 일들

노을보다 더 붉어진 심장을 보고 나서야
더 붉어지기 위해 살지 못한 것이 후회가 됩니다

아직 남은 날들
한 잎의 잎새와 두 잎의 잎새로
더 붉은 날들로 만들어야 합니다

좀 더 머물러 노래하고 싶었던 순간들
짧은 날들에 온 힘을 다해
붉게 뜨겁게 살아야 할 일이다

남은 날들을 탓하지 않고
지니고 있는 이 가을 한때
나무의 붉음이 사랑으로 만나서
모두 행복해지면
나무도 더 행복하겠다.

영화가 되는 가을

그들은
내려졌던 막을 올린 한 편의 영화

보고 싶어 했던 장면으로
간직되는 만남

내일 만날 차가운 손을
잡아 여행길 떠나려는 대사 한 잎

진정으로 말하고 있는
가을날의 희곡

눈뜨면 낡아 떨어져 나가 간 대본
바스락 거리는 소리 남는다

이제는 막을 내려야 할 시간
빈 가지 좌석만 덩그런히 흔들리고 있다

쓸쓸히 주인공은
빈 허공만 남기고 어디론가 가버렸다

5

거울 속 세상 풍경 이야기

너 누구니

거울을 본다
얼굴 속에 이끼가 피어 있다
화들짝 놀라 만져본다
돌처럼 굳어 원래부터 자라나고 있는 듯
떨어지지 않는다

그 얼굴로 누구를 만난다
만나는 사람 얼굴 속에도 이끼가 자라나고 있었다
이것이 정상인지 잠시 헷갈려
흐르는 물에 씻어도 보고
때 타올로 밀어도 본다

약간 지워지는 것 같은데
잠시 먼 산보는 사이 더 크게 자라나 있다
거울과 나 사이에 체면과 이목이 필요한 것인지
형식과 절차가 꼭 필요한 것인지
이끼가 시들면 안 되는 얼굴인지

향수 뿌리고 로션을 발라도
거울을 보면
선명하게 보이는 저것
이방인의 얼굴 같고
모르는 얼굴 같은 저 이끼 낀 얼굴

흐르는 물속에 한 십 년 잠수했다가 나오면
깨끗한 얼굴이 되어
세상으로 나가 활짝 웃었을 수 있을까
알려주세요

노부부

거울 속에 들어앉아 버린 풍경 하나
흔들어버리면 흔들림으로 풀어져 버리는 풍경
안과 밖의 통로 주변에는 거울 속으로 들어가
보지 못한 풍경들이
순서를 기다리듯 우르르 몰려들어 있다

통로가 여기라고 말은 안 했지만
거울의 묵은 때 벗겨내면
너와 내가 풍경의 배경이 되었지
꼭 들어가려고 해서
오래전부터 그 자리에 있었던 것 같은
거울 표면에 흠집 하나 만들지 않고
함께하면서 같은 모양으로 서로 바라봐 주기가
참 좋은 거지

오래 바라볼수록
나는 너의 모습 너는 나의 모습

편안한 풍경의 주인공으로
웃으면 웃고 울면 울어주는
거울의 세상에서 내가 표정 지은 그대로
보여주는 거울

예쁘게 다듬어 너의 앞면에서 웃고 말 거야
약간은 빠진 것이 보이더라도
내가 지닐 수 있는 풍경 하나로 당신 앞으로
당당하게 한번 서 볼 게
나는 너의 그 풍경을 사랑한다고
고백할 게

그리고 오랫동안 당신이 거닐며
행복해하는 풍경으로 남아 있을게

거울을 보면서

거울 속으로 순간이동을 했다
과거와 현재 그리고 미래가 수시로 오고 갈 수 있는
차원의 문
평면의 굴곡들이 조금씩 모여 한순간을 담고서
조금 부서진 나의 모습을 미래로 보내기 위해
수리하고 있는 지금
거울 속에는 바람 한 점 불지 않는 적막의 홀로 세계였다

서로 연결된 차원의 세계
내가 들어가지 않으면 그 무엇의 모습도 보여 주지
않는 세계
아픈 표정조차 거울 속에서는 선명하게 숨길 수 없어
나의 모습을 잠시 맡겨놓았다가 찾아가는 세계
많은 것을 담을 수 없는 나의 새 사슴같이 작은 공간은
늘 조심스럽게 모습을 담으며 문을 개방시켰다

오늘은 어떤 모양의 거울 속으로 들어가게 될지
사방천지 어딜 가도 거울들은 허기진 모습으로 매달려
있거나 서 있었지
선택보다 필수로의 연결이 더 많아진 세상의 모습
품속에서 꺼낸 작은 거울에
나의 얼굴만 들어가게 할 건지
대형 거울에 큰 풍경을 모조리 넣고 살지

어떤 각도로 보고 있느냐에 따라
좌우의 모습과 아래위의 세상이 멀어졌다. 가까워지겠지

거울 보기

하루에 몇 번씩 보면서 다듬으며 살고 있다
한 번도 안보는 사람도 있지
분명히 차이는 나는 거야
거울 속 모습은 지금의 상태가 증거로 채택되는 것이기에
단정하고 깨끗함을 위한 연설 같은 것이지
거울 속 모습이 가끔은 밖으로 누출될 것 같았다
내 모습이 아니라고 항변하고 싶을 때가 가끔 있기에
외면하고픈 낯선 모습이 무서웠지
나는 솔직해지고 싶은 표정으로
그 모습을 바라보고 있었지
나에게 가끔은 공포의 모습 보여주었지
나는 이것이 아니야 하고 거울을 치워버릴 때가 있지
서로를 바라보는 초점은 바람 속에 흔들리는 깃발 같았지
그럴 때는 서로 모르는 척 타인같이
아무런 생각도 없이 하루를 살아갔지
하지만 거울을 보는 순간
서로의 눈빛은 숨김없이 마주쳤지

그 순간 알게 되었지
거울에 얼룩이 많이 묻어 있다는 것을
묵은 것을 호 하며 닦아가면서 살아야 했는데
그저 잘 보이지 않은 것만 탓하고 살았으니
맑은 빛 속에서 살아나는
새로운 나의 모습 보면서
지금의 모습이 늙을 때까지
그대로 가는 것이 아니라는 것을 알고 있기에
거울 속 얼굴이 미소 지을 수 있도록
다듬고 만진다

얼굴 만들기

거울을 통해 나의 모습을 보고 있을 때
조금 더 나은 모습 모습을 만들기 위한 시간이 투자되었다
난 거울 밖에서 살고 있는 잠시 스쳐 가는 인연이었다
풀어진 모습과 더럽혀진 모습이 들어가서
오른쪽 뺨과 왼쪽 뺨을 두드리다가
머릿결을 한쪽으로 넘겨놓고 나온다

거울 저 깊은 속에는 평면의 풍경이 있고
사계절의 모습이 잠시 머물다가는 짧은 이야기가 있다
볼록 거울로 보면 사각지대가 좀 더 잘 볼 수 있지 않겠냐고
거울 가게 사장이 은근한 상술로 물어왔지만
단순한 모습으로 살고 싶은 마음에 평면을 고집했다

보이는 각도에 따라 굴곡진 모습이 있다
기울기의 거리와 기울기의 각도 오차 범위는 감각 속에
숨어 있다

전신 면과 부분 면의 크기
눈앞으로 잡아당길수록 더 보이지 않는 현실이
거울 속에 거리의 감각 오차로 보이게 한다
시간이 지날수록 얼룩들이 더 많아지고
보이는 부분으로 모습 하나 꺼내어 나와 결합한다

거울과 나의 사이에는 간섭할 만 것들이 없다
대형 백화점에서 보았던 나의 모습을 그 자리에 남겨두고
버스를 타고 돌아오는 길에는
차창에 비친 내 모습이 백화점에서 보았던 얼굴
비슷하게 닮아 있었다
슬퍼 보인다.
반짝반짝 빛나는 거울 표면에서
웃고 있을 얼굴을 하나 만들어 내야 한다.

거울 앞에서

거울을 바라볼 때는 조금 더 예뻐지려고 본다
혼자만의 주인이 된 것처럼

숨기지 않아도 된다
모습은 그대로 밖으로 나온다

나는 10년 전에 보았던 모습과 지금의 모습을
비교하면서
어떻게 변해 갈지 모르는 모습을 그려놓게 된다

모습은 빛으로 이루어져 다가온다
내가 미처 담아내지 못한 모습을 보여주면서
거울의 흔들림으로 지우고 싶은 순간으로 날 데려간다

나는 지워지지 않는 손아귀 힘이 되어
비켜나는 나의 모습을 잡는다

거울에 얼룩이 생겨 버리고 나면
나의 모습도 얼룩에 빠져 한 부분이 모자이크 처리된다

가리고 싶은 것 뒤에 숨어 조용히 살다가
어느 순간 마른 수건에 닦여 드러나 버린다

거울 속은 직선으로 통하는 일방 동행 같은 곳
솔직하게 행동해야 한다는 걸 보여준다

계속해서 어느 모습이든 한순간을 메모리 되는
이곳에는 내가 날 볼 수 있는 유일한 길이 열려 있다

가끔은 무서운 모습들이 자리를 빼앗으려고 한다
단호하게 안 되라는 말을 입에 달고 산다

거울 속 빛의 대화

모든 빛의 직진들이 몰려들어갔지
그곳엔 소리와 냄새 바람은 좌회전과 우회전으로
들어갔고
내가 날 사랑하는 흔들리는 모습을 바로 보기 힘든

살아있는 일생동안 없는 듯 조용히 따라다녔고
가져보지 못한 것들을 유턴시켜 보려고 멈추어 서서
바라보았어
차원의 공간이동에서 흘러나오는 빛까지 새 모습으로
다가오는
날 지우고 짧은 단막극처럼 공연하는 순간들
관객과 천천히 하나가 되는 안과 밖의 세상
손짓 한 번의 대사 같이 터치되는 순간에 다가오는
감촉을 두드리는
나와 나의 짧은 만남과 이별
빛들이 무성하게 자란 거울 속에 갇혀
어디론가 떠나고 있지 한 곳에 머물지 못하는
모습들을 찾고 있는

투과되는 얼굴을 만지고 고딕체의 각으로 다듬어지는
빛으로
다른 모습으로 되돌아가는 굴절의 끝에 울어버리는
거울이
내가 보고 싶은 얼굴 속 거울은 알고 있지
밝은 빛 거울을 가져와야 해
춤추는 작은 거울을
환한 정오의 빛과 함께
낡아 무너져 가는 모습 투성이
깜짝 놀라 가끔 멀어지는 거울과의 거리
힘없이 걸어 들어가는 빛과의 동행
거울 빛 하나 만지면 모습이 바뀌고 거꾸로 보이는
빛 모양은
거울 속 모습과 현재형의 모습으로 흘러 큰 인식의
강이 되는
축소되지 않는 공간을 계속 만들어 가는
거울에 칸막이를 만들어 놓고 사는 무생물체의 반란이
꿈길을 찾아 빛의 결이 빛나는 곳으로 들어가는 깊은 잠

만남의 경계가 허물어지는
바라보기의 가장 짧은 간격의 보수공사
얼굴 몸을 감싸고 있는 옷
한 가지라도 함부로 하지 마라.
조금씩 만들어져 높아진 계단
깊이 빠져버린 나의 모습이 사라지는 거울 호수
그림자 같아서 뒤돌아보고 있는 놀란 가슴속으로
깊은숨 몰아쉬는 동그란 얼굴과 눈 코 입
쉽게 알아차리지 못하는 오늘과 내일의 반복
거울 안엔
늘 잔잔한 숨결로 살아가는 나와 너의 모습 그리고
중단할 수 없는 빛의 직진
닫아둘 수 없는 깊고 큰 창고 같은 질감 없는 모습

모습찾기

거울 속에 발이 빠져 살았다는 사실을 몰랐다
그 발이 그냥 그 자리에 있는 것이라고
당연히 그곳에서 있는 것이라고
평생을 모르고 살았다

거울 속에 있는 발걸음
내가 걸어가고 있는 모습이 아니리고
무시해버리면 되는 모습이라고
내가 하는 행동을 따라 하고 있을 뿐이라고

거울이 내 발목을 축축하게 적셔 올 때
놀라버린 심장의 맥박수에는
어떤 변명도 이유도 말할 수 없는
그런 나이의 모습에
기러기 날아가는 허공이 보였다

발목의 보폭이 가늘어지고
짧아져 가면서 위태로워질 때

거울 속이 눈처럼 백색의 후회는
거울보다 더 가깝게 다가왔다

이젠 더 깊이 굵게 빠져들어
마지막 모습을 정리 정돈할 때이다
거울의 나이가 맑다
맑을수록 나의 모습은 이상하게 변해간다.

위로하기

내가 울고 있을 때
거울 속에 있는 그도 울고 있는 모습 보였다
내가 뒤돌아서서 보지 않으려고 했을 때
나의 뒷모습은 나의 허락도 없이
거울 속에서 살고 있었다
서로 약속한 것 같은 모습
내가 세상과 어긋나는 모습 보일 때
그도 어긋난 모습으로 거울 속에서 살고 있었다
심장이 가려워 햇볕 아래 서 있으면
달빛의 어둠 안으로 들어오라는 유혹에 갈등한다
편한 모습과 쉽게 만들어 낼 수 있는 모습은
거울 앞에서의 풍경이 습관처럼 길게 비친다
거울 표면을 닦아도 한번 들어간 모습은
여간해서 변할 줄 몰랐다
이제는 거울을 보며 울지 않겠다
나 혼자 몰래 울고 나서
그가 나보다 더 슬퍼하지 않도록

미소 가득한 얼굴로
거울 속 그와 만나야겠다
만나면 반갑게 인사해야겠지
반가워 라고

열고보니 허공

인쇄일 2020년 4월 10일
발행일 2020년 4월 15일

지은이 김두기
펴낸이 박철수
펴낸곳 도서출판 해암

등록번호 제325-2001-000007호
주소 부산시 중구 백산길 17 삼성빌딩 702호
전화 051)254-2260, 2261
팩스 051)246-1895
메일 haeambook@daum.net

ISBN 978-89-6649-183-4 03810

값 10,000원

• 본 도서는 2020년 부산문화재단 지역문화예술육성지원사업의 일부 지원으로 제작되었습니다.
• 이 도서의 국립중앙도서관 출판예정도서목록(CIP)은 서지정보유통지원시스템 홈페이지 (http://seoji.nl.go.kr)와 국가자료공동목록시스템(http://www.nl.go.kr/kolisnet)에서 이용하실 수 있습니다. (CIP제어번호 : CIP2020014070)